ISBN-13:

978-1503316652

ISBN-10:

1503316653

www.web.gal

A web, é un sistema de distribución de documentos e accesibles vía Internet. Cun web, un usuario visualiza sitios web que poden conter texto, imaxes, vídeos ou outros contidos.

O primeiro paso consiste en traducir a parte nome do servidor nunha dirección usando a base de datos coñecida . Esta dirección é necesaria para contactar co servidor web e poder enviarlle datos.

O seguinte paso é enviar unha petición ao servidor o recurso. No caso dunha páxina web típica, primeiro solicítase o texto e logo é inmediatamente analizado polo .

Ao recibir os ficheiros solicitados dende o servidor web, incorpóranse as imaxes e outros recursos para producir a páxina que ve na pantalla.

CLUB JUVENTUD CAMBADOS

alfonsocordal.com

CLUB JUVENTUD CAMBADOS

calentorra.com

CLUB JUVENTUD
CAMBADOS

cambados.eu

CLUB JUVENTUD CAMBADOS

cambados.xxx

cheeseburguer.com

CLUB JUVENTUD
CAMBADOS

electonicmarket.com

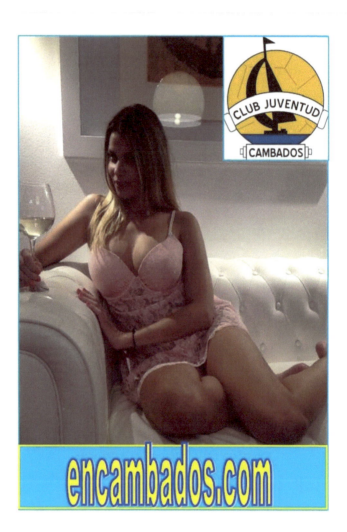

CLUB JUVENTUD
CAMBADOS

encambados.com

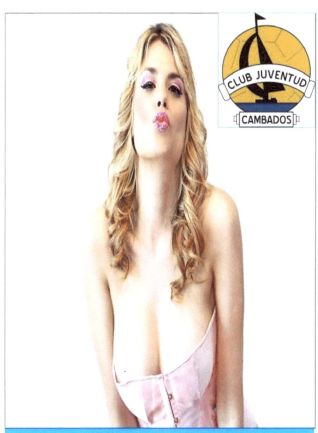

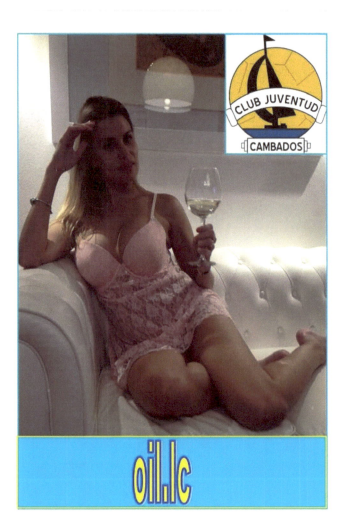

oil.lc

CLUB JUVENTUD
CAMBADOS

sistemalapiedra.com

z4ko.com

CLUB JUVENTUD CAMBADOS

www.web.gal

CLUB JUVENTUD CAMBADOS

www.ria.gal